古墳時代へタイムワープ

マンガ：工藤ケン／ストーリー：チーム・ガリレオ／監修：河合 敦

はじめに

古墳時代は、今から約1700〜1300年前、日本列島に大きな丘を持つ墓——古墳がたくさんつくられた時代です。

この時代について、学校の授業では、古墳が登場した時期に近畿地方に「大和朝廷（大和政権とも）」という政府が生まれ、日本列島を統一していったことや、中国や朝鮮半島から漢字や仏教を始めとする様々な文化を積極的に受け入れていったことなどを学習します。

今回のマンガでは、宇宙人の3兄弟が、小学生のレオナとキサキを巻き込んで古墳時代にタイムワープします。5人は多くのピンチにあいながらも、古墳のことや大和朝廷について学んでいきます。

古墳時代の生活はどのようなものだったのでしょうか？　5人と一緒に冒険しましょう！

監修者　河合　敦

今回のタイムワープの舞台は…？

年代	時代区分	時代	出来事
4万年前	先史時代	旧石器時代	日本人の祖先が住み着く
2万年前			土器を作り始める
1万年前		縄文時代	貝塚が作られる
2000年前		弥生時代	米作りが伝わる
1500年前		古墳時代／飛鳥時代	大和朝廷が生まれる
1400年前			
1300年前	古代		平城京が都になる
1200年前		奈良時代	平安京が都になる
1100年前			
1000年前		平安時代	
900年前			
800年前			モンゴル（元）軍が2度攻めてくる
700年前	中世	鎌倉時代	室町幕府が開かれる
600年前		室町時代	金閣や銀閣がつくられる
500年前			
400年前	近世	安土桃山時代	江戸幕府が開かれる
300年前		江戸時代	
200年前			明治維新
100年前	近代	明治時代	大正デモクラシー
		大正時代	
50年前	現代	昭和時代	太平洋戦争 / 高度経済成長
		平成時代	
		令和時代	

ココ!!

米作りが広まる

巨大なお墓（古墳）がつくられる

奈良の大仏がつくられる

華やかな貴族の時代

鎌倉幕府が開かれる（武士の時代の始まり）

戦国時代

町人文化が盛んになる

文明開化

現代

もくじ

1章 古墳時代に出発だ！　8ページ

2章 古墳づくりの現場を目指せ!!　24ページ

3章 埴輪の代わりに生き埋め!?　40ページ

4章 かわいそうな逃亡者　54ページ

5章 大王の弟を助けろ！　72ページ

6章 クササミに捕まった!!　88ページ

7章 バルボードを取り返せ！　104ページ

歴史なるほどメモ

8章　タイムワープで逃げろ！　120ページ

9章　大噴火で古墳やムラが消えちゃう!?　134ページ

10章　危険な火山から人々を守れ！　150ページ

1　古墳時代ってどんな時代？　22ページ

2　前方後円墳は誰の墓？　38ページ

3　埴輪の役割って何？　52ページ

4　古墳時代のヒーロー・仁徳天皇　70ページ

5　大和朝廷を支えた豪族たち　86ページ

6　前方後円墳ってどんなもの？　つくり方編　102ページ

7　前方後円墳ってどんなもの？　構造編　118ページ

8　古墳時代の人々の生活　132ページ

9　火山の噴火で埋もれた村　148ページ

10　古墳時代の終わり　166ページ

教えて!! 河合先生 古墳時代 おまけ話

1　古墳時代ヒトコマ博物館　168ページ

2　古墳時代ビックリ報告　170ページ

3　古墳時代ニンゲンファイル　172ページ

4　古墳時代ウンチクこぼれ話　174ページ

GO!

登場人物

ホセ

地球からうーんと遠い
オット星にすむ、
アーサ、ホセ、ナルルの
アホナ3兄弟の次男。
いつも元気で好奇心旺盛。

アーサ

「アホナ3兄弟」の長男。
優しくておっとりしていて、
アートにとても関心がある。

ナルル

アホナ3兄弟の末っ子。
マイペースな甘えん坊で、
食べることが大好き。

レオナ

日本のどこか、古墳がある公園の近くに住む、歴史が大好きな小学生。キサキと「レ（オナ）・キ（サキ）女コンビ」を組むかしこい女の子。

キサキ

レオナと同じ町に住む小学生。レオナと同じく歴史好きで、明るくてイケメン好きの女の子。

ヤカン

古墳時代のムラに住む老婆。

クササミ

古墳時代のアンナクニの役人。

1章
古墳時代に出発だ！

地球からうーんと遠いところにあるオット星

そのオット星では年に一度の墓参りの行事「生命祭」が行われていた

TIME WARP memo
歴史なるほどメモ①

古墳時代ってどんな時代?

① 日本に大和朝廷が誕生!

本格的なコメづくりが行われるようになった弥生時代には、各地に王(豪族)などの権力者が現れ、人々をまとめるようになっていました。

3世紀後半頃になると、大和地方(奈良盆地周辺)を中心に、近畿地方の豪族たちによる大きな力を持つ連合政権が誕生しました。この連合政権を「大和朝廷」や「大和(ヤマト)政権」などといいます。

連合政権が大王を中心にして日本の形をつくったのね

② 勢力を広げる大和朝廷

たくさんの豪族たちが連合する大和朝廷は、強大な力を持つリーダーを中心にまとまっていきました。この政権を率いるリーダーは、大王(後の天皇)と呼ばれました。

5、6世紀以降、大和朝廷は、九州地方から関東地方、東北地方まで勢力を広げ、各地の豪族たちを従えていきました。それにともない、次第に国としてのしくみができあがっていきました。

大和朝廷の有力豪族たちの勢力図
大和朝廷の中心は大王だったが、政権を支える豪族たちも大きな力を持っていた。とくに葛城氏は、大王と同じくらいの力を持っていたと考える人もいる(上図の場所は現在の奈良県)

22

③ 大きな墓をつくった権力者たち

大王や各地の豪族たちは、土を高く盛り上げた、大きな墓をつくるようになりました。これを古墳といいます。その中でも特に巨大な古墳は、近畿地方に多く見られます。

もともと日本では、死んだ人は土を掘って穴に埋めていました。しかし弥生時代に、大陸から渡ってきた渡来人の影響を受けたことで、いろいろなタイプの墓がつくられるようになりました。大きな墓も、弥生時代の終わり頃からつくられました。

こうして古墳づくりが盛んになった、3世紀後半から7世紀末頃にかけての時代を、古墳時代と呼んでいます。

古墳っていろいろな形があるんだな

もの知りコラム

いろいろな形の古墳大集合！

日本の古墳の種類は、東アジアの中でも特に多く、丸や四角などいろいろな形があります。これは日本の古墳文化の大きな特徴のひとつです。全国には20万以上の古墳があり、東北地方から九州地方まで分布しています。その約90％が円墳といわれています。
それでは、日本の各地に残る古墳の代表的な形を、いくつか紹介しましょう。

前方後円墳　円墳　帆立貝形古墳　方墳　前方後方墳　双方中円墳

2章
古墳づくりの現場を目指せ!!

TIME WARP memo
歴史なるほどメモ②

前方後円墳は誰の墓？

① 前方後円墳は権力者の墓

大和朝廷の大王は、自分の権力を示すため、大きな前方後円墳（→23ページ）をつくるようになりました。前方後円墳は、円と四角を組み合わせた形の墓で、真上から見ると鍵穴のように見えます。この形は日本独自のもので、なぜこのような形ができたのかは、まだわかっていません。

日本で一番大きな前方後円墳は、大阪府堺市にある大仙陵古墳（→39ページ）です。全長約486m、四角い部分の丘は高さ約33m、丸い部分の丘は高さ約35mもある巨大古墳で、世界最大級の墳墓といわれています。

前方後円墳って四角いほうが前ってことなんだよ

もの知りコラム

世界にもある大きな墓

大仙陵古墳と並ぶ、世界最大級の墳墓として有名なのが、エジプトにあるピラミッドと、中国にある秦の始皇帝陵です。どちらの墓も、当時の強大な権力者が自分の権力を示すためにつくったものといわれています。3つの墓を比較すると、全長で一番大きいのは、大仙陵古墳になります。

←古代エジプトの王クフ王のピラミッド
大きさ：一辺230m
高さ：147m（完成時）
今から約4550年前につくられた、四角錐の形をした墓。平均2.5トンもある大きな石が、約230万個積み上げられている。エジプト・ギザの三大ピラミッドのひとつ

中国初の皇帝
秦の始皇帝陵
大きさ：東西345m×南北350m　高さ：76m
今から約2200年前につくられた、広大な丘のような墓。墓のそばから、副葬品として納められた実物大の兵士や馬の人形（兵馬俑）が約8千体見つかっている

38

大仙陵古墳
写真：朝日新聞社

② 大仙陵古墳は誰の墓？

天皇の墓とされている古墳は、江戸時代後期から明治時代に、古い文献などをもとに確定されました。現在は、天皇の墓を管理している宮内庁が管理しています。

日本一大きな前方後円墳は、宮内庁が仁徳天皇の墓だと指定しているため、「仁徳天皇陵」と呼ばれていました。ところが、墓がつくられた時期が仁徳天皇の活躍していたとされる時期と合わないことや、決定的な証拠が見つかっていないことなどから、本当に仁徳天皇の墓なのか疑問視されるようになりました。現代の科学技術を使って墓の中を調べれば、もしかしたら、誰の墓なのかがわかる決定的な証拠が見つかるかもしれません。でも、大仙陵古墳を含め各地に残されている天皇の墓は立ち入りが禁止されているため、中を調べられる機会が少なく、疑問は解決できないままになっているのです。現在「仁徳天皇陵」は、古墳がある地名にちなんで、「大仙陵古墳（大仙古墳、大山古墳とも）」と呼ばれることが多くなっています。

3章
埴輪の代わりに生き埋め!?

けっこう歩くわねーバスとかないのかしら

あったらビックリよ!

こりゃ!

あーもー疲れたー!

TIME WARP memo
歴史なるほどメモ③

埴輪の役割って何?

① 埴輪は墓の番人?

古墳の上や周りには、埴輪と呼ばれる、粘土を焼いた製品がたくさん置かれていました。

埴輪には、筒形をした円筒埴輪と、人物や家など様々な形をした形象埴輪の大きく2種類があります。

円筒埴輪は、弥生時代からあった、亡くなった人へのお供え物を置く土器が変化したものといわれています。また、古墳を囲むように並べられていたため、古墳を神聖な場所として区別する役割や、人が侵入するのを防ぐ役割があったと考えられています。

形象埴輪は、限られた場所に置かれていました。この埴輪の役割については、「亡くなった人が生きていた頃の生活を再現した」「葬式の様子を再現した」など様々な説があります。

『日本書紀』という古い歴史書には、偉い人物が亡くなり墓に葬る時、けらいを一緒に生き埋めにしていたが、それではけらいがかわいそうなので、代わりに土でつくった人や馬を墓に立てたのが埴輪の始まりだと書かれています。しかしこの話は、最近は事実ではないとされています。

埴輪のつくり方

① 粘土をこねる

② ひも状の粘土を積み上げたりして形をつくる

③ 表面をきれいにならし、穴をあけるなど形を整える

④ 1カ月くらい日陰で干して、粘土に含まれる水分を抜く

⑤ 粘土が乾いたら、焼き窯で焼く

⑥ 完成!

埴輪って人物の形だけじゃないんだね

もの知りコラム

発掘された埴輪たち

古墳時代の半ば頃、朝鮮半島から来た渡来人によって、かまどで高温で土器を焼く技術が伝わりました。その技術が、埴輪づくりにも使われました。各地に残されている古墳からは、様々な形の埴輪が見つかっています。その中の一部を紹介しましょう。

円筒埴輪

円筒埴輪は、大小様々な大きさのものがたくさんつくられ、古墳に並べられました

円筒埴輪
中央の埴輪は高さ76㎝×幅38㎝

形象埴輪

形象埴輪は、人物、動物、器材（道具）、家形の4種類に分けられます

埴輪女子頭部
長い髪の毛を前後で折って束ねている様子から、巫女のような女性と考えられている。高さ19.4㎝

馬形埴輪 頭部
T字形のたてがみのある馬形埴輪。馬装用の金具などが形づくられている。長さ31㎝

囲形埴輪・家形埴輪
現在の神社建築につながる特徴のある屋根が表現されている。家形埴輪の高さ44.8㎝×幅28.8㎝×奥行き36.8㎝

埴輪の穴はなぜあるの？

多くの埴輪には、「透かし孔」と呼ばれるいくつかの穴があります。もともとは、弥生時代の後半につくられたいくつかの土器に、模様の一部として穴が開けられていました。それが、埴輪にも取り入れられたのです。また、埴輪がしっかり焼けるという効果もあったようです。

写真：すべて宮内庁書陵部蔵

4章
かわいそうな逃亡者

TIME WARP memo
歴史なるほどメモ④

古墳時代のヒーロー・仁徳天皇

① 民を愛し、民から愛された大王

大和朝廷の大王の中で最も有名なのが、初代の神武天皇から数えて16代目にあたるオオサザキ(仁徳天皇)です。

仁徳天皇は、幼い頃から頭がいい少年だったと伝えられています。大人になると、心が広く聡明な大王となりました。仁徳天皇の政治は、常に民のために考えたものでした。日本の古い歴史書の*『記紀』には、マンガで紹介した、かまどでご飯を炊けないほどの貧しさに苦しむ民のために、3年間税を免除した話が記されています。そんな仁徳天皇を、民はとても慕っていたそうで、天皇がボロボロになった宮殿を新築するときには、みんな進んで働いたとも書かれています。

*『記紀』=『古事記』と『日本書紀』

民のために尽くしたから民に愛されたのね

② 土木工事で暮らしを豊かにする

また、『記紀』には、仁徳天皇は民のために多くの土木工事を行ったとも記されています。

仁徳天皇の時代、都があった地域ではよく川がはんらんするので、人々は困っていました。そこで仁徳天皇は、田畑の用水路をつくったり、川に堤防や橋をつくったりして、民の暮らしが豊かになるよう力を尽くしたそうです。

仁徳天皇の土木工事

- 難波に水の道を掘って海につなぐ 記
- 難波宮の北部の平野を掘って南の水を難波の海に入れる 記
- 整備する 記
- 池をつくる 記
- 大きな溝を掘って田に水を引く 紀
- 茨田の堤と屯倉をつくる 紀紀
- 池をつくる 紀

地名:山背国、近淡海国、巨椋池、宇治、摂津国、難波津、難波、難波宮、墨江津、和泉国、大和国、丸邇、河内国、二上山、茨田

凡例:
- 記 古事記
- 紀 日本書紀
- ━━ 古代の道路
- ─── 現在の海岸線

もの知りコラム

仁徳天皇のひいおじいさん 日本神話の英雄ヤマトタケル

『記紀』には、日本列島がどのようにしてできたかや、神々がどのようにして誕生したのかなどの神話物語や、飛鳥時代のある時期までの日本の歴史が記されています。そこには、日本の歴史の中で活躍するたくさんの英雄が登場します。その中で1、2の人気を争うのが、仁徳天皇のひいおじいさんのヤマトタケルです。

ヤマトタケルは、大和朝廷の12代目の大王・景行天皇の皇子です。とても勇敢で、武力に優れていたそうで、たくさんの武勇伝を残しています。

◆ ◆ ◆

ある時景行天皇は、大和朝廷の勢力を拡大するため、政権に従わない人々や神を討伐するよう、ヤマトタケルに命じます。ヤマトタケルは、東北地方や中国地方、九州地方に出かけていき、各地の敵対する人々と戦って勝利を収めました。

大和朝廷のために各地方に出向いたヤマトタケルは、戦いを続けながら、故郷の大和に帰れる日を待ち望んでいました。しかし、帰る途中で病に倒れ、故郷を思いながら亡くなってしまいました。彼の死後、その魂は白鳥になって、飛んでいったと伝えられています。そんな「悲劇の英雄」として描かれているところも、人気の理由なのかもしれません。

『記紀』に記されたヤマトタケル伝説

伝説その①
九州地方の南部を支配するクマソタケル兄弟の討伐に行った時、ヤマトタケルは女装して敵に近づき、たくさんの酒を飲ませ、敵が酔って油断したすきをついて倒した。

伝説その②
出雲地方へ、イズモタケル討伐に行った時、イズモタケルに近づいて友だちになると、彼をだまして用意しておいた自分の木剣を彼の鉄剣と取り換えて戦い、勝利した。

伝説その③
東北地方に住むエミシと呼ばれる人々を討伐に出かけた時、敵が放った火に囲まれて大ピンチに。草薙剣で周囲の草を薙ぎ払い、「向かい火」という消火方法でピンチを脱した。

ヤマトタケル　　　　　国立国会図書館蔵

5章
大王の弟を助けろ！

タイヘン！逃げなきゃ！

TIME WARP memo
歴史なるほどメモ⑤

大和朝廷を支えた豪族たち

① 大王に従った権力者たち

各地の豪族たちは、「氏」と呼ばれる血縁関係を中心にした集団をつくっていました。氏は、それぞれのリーダーのもとでまとまり、政権内の仕事を分担していました。

大王は、中央の有力な豪族たちに、政権内での地位や職業を示す「臣」や「連」といった「姓」を与えることで、彼らを従えました。

また、各地方の有力な豪族たちを「国造」に任命し、それぞれの地域を治めさせました。

このような大和朝廷の政治や社会のしくみを「氏姓制度」といいます。

大和朝廷には身分を示す制度があったのじゃわい

② 前方後円墳は許された者だけがつくれる

大和朝廷の大王を象徴する巨大な前方後円墳は、当時最高級の古墳とされていました。大王は、大和朝廷の支配下にあった各地域の豪族たちに、自分と同じ形の古墳をつくることを許し、政権とのつながりを示しました。他地域の豪族が許された前方後円墳は、大王の古墳より小さいものが多かったようです。

前方後円墳の広がりからわかる 4～6世紀の大和朝廷の広がり

6世紀
5世紀
4世紀
大和朝廷
さきたま古墳群
太田天神山古墳（墳丘長210m）
大仙陵古墳（墳丘長486m）
造山古墳（墳丘長350m）
西都原古墳群

近畿地方が中心だった大和朝廷の影響力は、次第に東西南北の広い範囲に広がっていった。5世紀には、大王の墓に匹敵する大きさの前方後円墳もつくられたが、大和朝廷の力がより強くなった6世紀には、巨大なものは大王の墓だけとなる

86

5世紀の東アジア

（地図ラベル：北魏、高句麗、百済、新羅、加耶、倭、宋、黄河、長江、0　1000km）

③ 朝鮮半島の国々や中国と交流

朝鮮や中国の記録には、弥生、古墳時代の頃の倭（日本）が朝鮮半島の国々や中国と交流を持っていたことが記されています。

4世紀頃からは、日本は朝鮮半島の国々との交流で、土器や農具づくりなどの様々な技術や、当時の最先端の素材である「鉄」などを輸入していました。

5世紀頃の中国の歴史書によると、日本の大王は中国の皇帝にたびたび使いを送っていたようです。当時の東アジアの中で、中国は強大な力を持つ大国でした。大王は、自分が正式な日本のリーダー（倭の王）だということと、朝鮮半島での軍事的な影響力を中国の皇帝に認めてもらうために、使いを送ったと考えられています。

もの知りコラム

倭の五王って誰？

『宋書』などの中国の歴史書によると、5世紀の中国南部にあった宋などに、5人の倭の王が使者を送ったと記されています。その倭の王たちは、「讃（賛）、珍（彌）、済、興、武」と書かれていて、みんな実在した天皇だと考えられています。ただ、日本側の記録にあるどの天皇とも条件が一致しないため、5人の倭の王とは誰なのか、まだはっきりとはわかっていません。

倭の五王と天皇の対応説

倭の五王	対応する天皇
① 讃（賛） →	応神天皇か仁徳天皇か履中天皇？
② 珍（彌） →	仁徳天皇か反正天皇？
③ 済 →	允恭天皇？
④ 興 →	安康天皇？
⑤ 武 →	雄略天皇？

▲倭の五王の名前は、①と②は歴史書により違っている。「武」については、時代が一致するなどの理由から、雄略天皇という説が有力

6章
クササミに捕まった!!

古墳をつくっている現場

TIME WARP memo
歴史なるほどメモ⑥

前方後円墳ってどんなもの？ つくり方編

① 前方後円墳はこうしてつくられた

古墳の中でも特に大きな前方後円墳は、長い年月と多くの労働力をかけてつくられました。古墳づくりは、墓の主である王（豪族）が生きている時から始められました。

そんな巨大な古墳は、どのようにしてつくられたのでしょう？ 群馬県にある、5世紀後半頃につくられた八幡塚古墳の工事現場の復元模型を見ながら紹介しましょう。

石を積む人々

堀を掘る人々

工事を視察する王と技術者

水準測量する技術者

前方後円墳のつくり方

① まず、土地を選び、設計図をつくる

古墳づくりに最適な場所を探します。決まったら、設計図をつくり、それに基づいて工事責任者の指揮のもと、工事が進められます。

102

もの知りコラム

巨大古墳は何人でつくったの？

日本一大きな前方後円墳である大仙陵古墳のケースを見てみると、古墳をつくるのに、土の量は約140万m²、表面の石の量は約1万4千トンが使われています。これらの膨大な土や石を掘ったり運んだりと、古墳づくりに関わった人は、のべ680万7千人。今の大阪府の人口の約8割にあたります。工事期間は15年8カ月以上、工事費用は、今のお金で約800億円かかったと考えられています。

古墳は人間の力だけでつくられたのか

前方後円墳の築造風景（模型）

石棺を運ぶ人々

工事を指揮する人

② 土を掘る
地面を掘って堀をつくります。また、掘った時に出た土を盛り上げて、古墳全体の土台となる墳丘をつくります。

③ 石を積む
墳丘が整えられたら、斜面全体を覆うように石を敷き詰めます。

④ 棺を納める石室をつくる
円の部分の頂上に大きな穴を掘ります。ここに王の棺（木棺、石棺）が納められます。

⑤ 棺を納める
王が亡くなったら、棺に遺体を納め、石室に蓋をしてその上に埴輪を並べます。

写真：すべて高崎市教育委員会・かみつけの里博物館蔵

7章 バルボードを取り返せ！

前方後円墳ってどんなもの？ 構造編

① 古墳の中はどうなっているの？

前方後円墳の円の部分には、中央に亡くなった王の棺（木棺、石棺）を納めるための石室があります。

石室は、棺より少し広めに掘られ、周囲が石の壁で囲まれた部屋のようなつくりです。棺が納められたあとの石室は、天井も石で覆い、その上から土をかぶせます。そして、その上や周りに王宮をかたどった家形の埴輪や馬形などの形象埴輪、円筒埴輪などを並べました。

② 石室にも流行があった

石室には、竪穴式と横穴式のタイプがあります。上から穴を掘って蓋をするのが竪穴式、石室の横から外へ出入りできる通路を開けるのが横穴式です。

古墳時代の中頃までは竪穴式が主流で、それ以降は横穴式に代わっていきました。横穴式は、新たに朝鮮半島などから伝わったもので、通路が開けられているため、後に亡くなった人を一緒に埋葬できる家族の墓になったようです。

古墳のつくりにも流行があるんだね

竪穴式
- 埴輪
- ふき石
- 石室
- ひつぎ棺

横穴式
- 埴輪
- ふき石
- 石室
- ひつぎ棺
- せんどう羨道
- げんしつ玄室

118

③古墳の中には何が入っているの?

棺や石室の中には、葬られる人と一緒に、祭りに使われる鏡や、剣や鎧等の武具などが納められました。このような棺や石室に一緒に納められた品々を、副葬品といいます。この副葬品によって、中に葬られている人がどんな身分や立場の人だったのかなどがわかります。

各地に残されている古墳は、現代の人々が発掘する前に荒らされてしまったため、納められた副葬品のほとんどが盗まれていました。幸運にも発見されたものの中には、鉄の道具や黄金の靴など、大変貴重なものがあります。

様々な副葬品

副葬品は、古墳時代の初め頃は、主に銅鏡や石の腕輪、勾玉などでした。時代が進むにつれ、鉄製の剣や鎧などの武具や、食べ物やお酒を入れた土器などに代わっていきました。

金銅製飾履（復元）
下芝谷ツ古墳（群馬県）から出土した薄い銅の板に金メッキを施した靴。4つの板を銀の鋲でとめている
高崎市教育委員会・かみつけの里博物館蔵

鉄製の甲冑（復元）
黒姫山古墳（大阪府）から出土した鉄製の鎧と兜
堺市立みはら歴史博物館所蔵

もの知りコラム

でっかい古墳に外国人もびっくりした!?

日本一大きい大仙陵古墳は、大阪湾の堺の港のすぐ近くにあります。当時の大阪湾には、朝鮮半島や中国から海を渡ってきた人々がたくさん出入りしていました。海外から渡ってきた人々は、海上の船からこの巨大な墓を見て、とても驚いたことでしょう。大仙陵古墳は、日本の権力者の力を外国人に見せつける目的もあったのではないでしょうか。

8章 タイムワープで逃げろ!

でも さっき見た古墳より小さいわね……

たしかに……ということはここはほかのクニ?

テヘ♡

いやあ 急いでたから行き先も時代も適当だったんだよね

はぁ～

じゃあ ここは……?

そんなことよりあそこで鬼ごっこしようぜ!

TIME WARP memo
歴史なるほどメモ⑧

古墳時代の人々の生活

① 弥生時代より進んだ文化

弥生時代に引き続き、古墳時代にも朝鮮半島や中国から大勢の人々（渡来人）がやってきました。また、この時代には一族でまとまって渡ってきて、日本の各地に住む人たちも増えました。

古墳時代にやってきた渡来人は、須恵器と呼ばれる高温で焼いた硬い土器のつくり方や、鉄を使った金属器の加工法、古墳づくりにもいかされた土木・建築の工法、絹織物の製造法など、それまで日本になかったたくさんの進んだ技術を伝えました。ほかにも、漢字や仏教などの新しい文化が伝わりました。これによって日本の技術や文化は、大きく進歩したのです。

三ッ寺Ｉ遺跡（群馬県）から出土した須恵器
渡来人から伝わった、新しい技術でつくられた土器で、ろくろを使い、山の斜面などにつくられた登り窯で焼いた。これまで使われていた土器より硬いつくりになっている。

群馬県教育委員会蔵、高崎市教育委員会・かみつけの里博物館提供

比べてみよう！
古墳時代の男女のファッション

古墳時代の身分の高い人のファッションは、男女ともに、独特の髪形をしているところがポイントです。耳飾りや首飾りは、身分の高さの証しです。

島田まげ

上げミズラ

耳飾り

首飾り

帯

身分の高い女性（巫女）の服装

身分の高い男性の服装

男性の髪形の別バージョン・下げミズラだよ！

② 暮らしを豊かにした「鉄」

渡来人たちは、様々な技術や文化だけではなく、いろいろな物も運んでいます。中でも、当時の最先端の素材だった「鉄」は、みんなが欲しがる貴重品です。鉄を使ってつくられた様々な加工品は、人々の生活を豊かにしてくれました。

鉄の刃をつけたクワやスキなどの農具は、コメなどの農作物づくりを大いに助け、人々の食生活を安定させました。鉄でできた手斧などの工具は、多くの木工品や様々な道具、家などをつくるのを便利にしました。また、鉄製の剣や鎧、兜などの武具は、戦力アップに役立ちました。

鉄の刃がついた木製のスキ
鉄の刃なら、少しぐらい硬い地面だって掘り起こせる！

鉄製の手斧
鉄の刃先は、切れ味がよくて木を切る効率がアップ！ 木工品やいろいろな形の道具づくりに便利だ！

もの知りコラム

古墳時代はかまどが大活躍！

「鉄」の農具のおかげで農作業の効率が上がると、コメの収穫量も増え、人々はたくさんコメを食べられるようになりました。古墳時代の半ば頃、渡来人によってかまどが伝わると、少ない燃料でも強い火力が出せるかまどはコメを炊くのにとても便利で、各家庭で大活躍しました。また、渡来人は蒸すという調理法も伝え、料理の幅を広げました。

カマドの構造

- こしき
- かめ
- かまどの煙は、屋外につながる煙道から外に出した
- 煙道
- 焚き口　ここから燃料（木など）を入れて燃やす
- 穴の中に水の入ったかめをはめ、その上にコメを入れたこしきを載せて調理した

9章 大噴火で古墳やムラが消えちゃう!?

TIME WARP memo
歴史なるほどメモ⑨

火山の噴火で埋もれた村

① 古墳時代の大噴火

群馬県にある榛名山は、古墳時代の5世紀の終わり頃と6世紀中頃の2回、大きな噴火をしたことがわかっています。

この時に榛名山から噴き出した火山灰や軽石、噴火にともなって発生した*土石流などが、ふもとにあったいくつかの村を、地面の下に埋めてしまいました。

＊土石流＝崩れた山の土砂が、水と一緒になってものすごい勢いで流れ下る現象

火山灰の下から発見された村（模型）
複数の村が、6世紀中頃の2回目の噴火で火山灰の下に埋もれた

柵で囲まれた建物群
柵の中には掘っ立て柱の建物や畑などがある。建物は、住まいや倉庫と考えられる

竪穴住居
柵の外側にある住まい。約5m四方の大きさ

畑
建物の周りに広がる。ヒエなどの雑穀や豆、イモ、野菜などをつくっていたと考えられている

② 発見された古墳時代の村

ここ数十年の間に、榛名山の噴火によって火山灰に埋もれた古墳時代の村の遺跡が次々と発見されました。

発見された遺跡の中には、火山灰で埋もれたことで、建物や畑、道、生活の跡などが、はっきりと残されているものもあります。それらを研究することで、現在の私たちが、古墳時代の人々の生活の様子をありありと知ることができます。

榛名山
写真：ピクスタ

148

高崎市教育委員会・かみつけの里博物館蔵

大祭祀の場
村の人々が集まって豊作などを祈る祭りをした場所

畑

家畜小屋
いくつかの小さな部屋に仕切られている。牛や馬を飼っていたと考えられている

畑

谷水田
水の豊富な谷間につくられた田んぼ

日本は火山国だから榛名山のふもと以外にも火山灰に埋もれた村がたくさんあったんじゃないかな？

私たちの町の遺跡みたいにね！

もの知りコラム
外国にもあった！噴火で埋もれた町

噴火で埋もれた古代の町といえば、イタリアのポンペイが世界の中では最も有名です。ポンペイは、今から2千年ほど前の西暦79年、ベズビオ火山の噴火によって一瞬にして滅びた町です。火山灰の下からは、石造りの町並みや人々が使っていた食器などの道具だけでなく、逃げ遅れた多くの犠牲者の遺体も発見されました。

発掘されたポンペイの遺跡（手前）とベズビオ火山

ポンペイの遺跡は、世界遺産に登録されている。しかし、劣化が進んでいるため、現在、大がかりな修復プロジェクトが行われている

写真：ピクスタ

149

10章
危険な火山から人々を守れ！

TIME WARP memo
歴史なるほどメモ⑩

古墳時代の終わり

① 変化していく古墳づくり

6世紀になると、古墳づくりに大きな変化が現れます。

大和朝廷の中心部である近畿地方では、それまでと変わらずに大きな前方後円墳がつくられていましたが、そのほかの地域では小型化したり、円墳がたくさんつくられるようになりました。

これは、大和朝廷の力が大きくなる一方で、各地を支配していた豪族だけでなく、新しく力を持った有力な農民たちも古墳をつくるようになったからだと考えられています。

また、渡来人がもたらした外国の文化の影響を受けた変化もあります。

竪穴式が主流だった棺を納める石室は、朝鮮半島などの墓の影響を受けて、横穴式が増えました（→118ページ）。さらに、高松塚古墳などのように、石室の壁にきれいな絵や模様を描いた古墳もつくられるようになりました。

もの知りコラム

美しく飾りつけられた古墳

古墳時代の終わり頃につくられた古墳の中で、石室や棺などに美しい絵や模様が描かれたものを「装飾古墳」といいます。装飾古墳は、特に九州地方でたくさん見られます。

「装飾古墳」の例

王塚古墳石室（福岡県）の装飾（レプリカ）
6世紀中頃につくられた前方後円墳で、石室にたくさんの色を使った模様が描かれている。使われている色数は「装飾古墳」の中で最も多いといわれている

王塚装飾古墳館所蔵　写真：朝日新聞社

② つくられなくなった古墳

6世紀末から7世紀にかけて、前方後円墳はつくられなくなりました。7世紀中頃以降、大王の墓は、八角形の形をした八角墳がつくられるようになります。さらに8世紀に入ると、権力者が大きな墓——古墳をつくることはほとんどなくなりました。

古墳がつくられなくなった理由には、様々なことが考えられていますが、その中のひとつに、「仏教」が日本に広まったことで、死者をとむらう方法や考え方が変化したからというものがあります。

古墳がつくられなくなるのと前後して、日本は仏教文化が盛んとなる飛鳥時代を迎えます。

飛鳥時代って厩戸皇子（聖徳太子）が活躍した時代よね！

最先端の学問「仏教」の伝来

538年、朝鮮半島の百済から、日本に「仏教」が伝えられました（552年という説もあり）。

仏教は当時の人々には、単なる宗教ではなく、複雑な理論を持った最先端の学問として受け止められました。

大和朝廷の有力な豪族だった蘇我馬子や、馬子と協力して政治を行った厩戸皇子は、仏教を熱心に広めました。

竹原古墳（福岡県）の壁画
6世紀後半頃につくられた円墳で、石室の壁に、龍や馬、帽子をかぶった人、日よけ、船などが、あざやかに描かれている

写真：宮若市教育委員会

教えて!! 河合先生

ぼくといっしょに、タイムワープの冒険を振り返ろう。マンガの裏話や、時代にまつわるおもしろ話も紹介するよ!

歴史研究家：河合 敦先生

古墳時代おまけ話

① 古墳時代 ヒトコマ博物館

▲稲荷山古墳　写真：朝日新聞社

「金錯銘鉄剣（裏面）」（国宝）
埼玉県行田市にある、稲荷山古墳から発見された鉄剣。鉄剣に刻まれている「獲加多支鹵大王」の文字は、ワカタケル大王と読め、『日本書紀』に「オオハツセワカタケル」と名前が伝わる雄略天皇のことと考えられている

埼玉県立さきたま史跡の博物館蔵

168

教えて!! 河合先生 古墳時代おまけ話

巨大古墳を見にいく

河合先生：アーサ、ホセ、ナルル、巨大古墳はどうだったかい？

ホセ：すっごくでかい古墳だった！ カッコよかったよ！

ナルル：面白い形の土人形が、たくさんあったんだよ。

河合先生：埴輪だね（→46ページ）。アーサは埴輪づくりが上手だったね。

アーサ：ありがとう。アート心をくすぐられちゃって、つい熱中しちゃった。

河合先生：レオナとキサキのレ・キ女コンビも、古墳時代は楽しめたかい？

レオナ：はい！ 前方後円墳（→23、38ページ）

キサキ：ハササミのムラで、火山の噴火に巻きこまれそうになった時は、けっこう怖かったけどーー。

ホセ：みんなで力を合わせて、クニの人たちを避難させるのに成功したんだぜ！

河合先生：うん！ みんな大活躍だったね！

発見された鉄剣

アーサ：そういえば、古墳の中にはどんな物が入っているの？

河合先生：鉄製の甲冑や武器など、いろいろな物が見つかっているよ。中には、金の靴もあったんだ（→119ページ）。

レオナ：古墳に納められた品々は、副葬品っていうのよ。

キサキ：ほとんどが、発掘前に盗まれてしまったから、発見された物はすごく貴重な品なのよ。

河合先生：さすがレ・キ女だ。よく勉強しているね。

ジンづくりが見られてコーフンしてます！

右の写真は、その貴重な品の１つなんだ。埼玉県の稲荷山古墳から発見された鉄剣だよ。

アホナ３兄弟：鉄剣!? カッコイイー!!

河合先生：『日本書紀』に出てくる、ワカタケルと読める文字が刻まれているんだ。

レオナ：ワカタケル大王って、雄略天皇のことね！（→172ページ）

ホセ：そうだよ、よく知ってるね。

河合先生：ワカタケル大王に仕えた地方の豪族の物だったみたいだね。

ナルル：大王からもらったのかな？

河合先生：そう考えられているよ。

アーサ：素敵なデザインの文字だね。

河合先生：裏表に計115文字も刻まれているんだよ！

オレも カッコイイ 鉄剣がほしいな

シャキーン

169

2 古墳時代 ビックリ報告

ついに世界文化遺産に！
百舌鳥・古市古墳群

巨大古墳が集まる日本を代表する古墳群

大阪府の南側には、世界最大級の墳墓・大仙（大山）陵古墳（→38、39ページ）をはじめ、いくつもの前方後円墳や円墳などが集まる、大規模な古墳群が2つあります。大仙陵古墳を含む百舌鳥古墳群と、国内で2番目の規模を誇る応神天皇陵古墳を含む、古市古墳群です。

ここにある古墳は、大王の墓のほか、大王の親族や彼らに仕えた人々が眠る墓などだと考えられています。

百舌鳥古墳群

ニサンザイ古墳　いたすけ古墳　履中天皇陵古墳　御廟山古墳　大仙陵古墳

大切な文化遺産を守ろう!!

写真：すべて朝日新聞社

170

教えて!! 河合先生　古墳時代おまけ話

都市に眠る巨大古墳　百舌鳥古墳群

百舌鳥古墳群は、大阪府堺市の北西部で、住宅が密集する都市の中にある、東西南北約4kmに広がる古墳群です。

大仙陵古墳のそばには、国内で3番目に大きい履中天皇陵古墳（全長約365m）、少し離れた所には国内で7番目に大きいニサンザイ古墳（全長約300m）もあります。

かつては100基以上の古墳がありましたが、田畑や道路、住宅などをつくるためほとんどが壊されてしまい、現在は44基が残されています。

大仙陵古墳内の様子
本来は立ち入りが禁止されているが、1948（昭和23）年暮れに、雑誌「アサヒグラフ」（朝日新聞社）の取材が許され、その時に撮影されたもの

丘陵に広がる　古市古墳群

古市古墳群は、百舌鳥古墳群より少し内陸寄りの、大阪府羽曳野市と藤井寺市にかかるなだらかな丘が続く場所にあります。

東西南北約4kmに広がる古墳群です。

最も大きな古墳は、応神天皇陵古墳（全長約425m）です。その周囲には、国内で9番目に大きい仲姫命陵古墳（全長約290m）をはじめ、全長が200mを超える前方後円墳が7基もあります。

かつては、10m未満の小さなものも合わせて120基以上の古墳がありましたが、現在は44基が残されています。

大事な古墳を守ろう！

世界の各地には、昔の人々が残した貴重な遺産がたくさんあります。これら人類の財産を守るため、ユネスコの総会で「世界の文化遺産及び自然遺産の保護に関する条約（世界遺産条約）」が採択され、遺産の保護が行われています。百舌鳥・古市古墳群は2019年、世界文化遺産に登録されました。

古市古墳群

允恭天皇陵古墳
仲姫命陵古墳
応神天皇陵古墳
墓山古墳
白鳥陵古墳

古墳時代 ニンゲンファイル

絶対的な権力を握った大王
ワカタケル大王（雄略天皇）

> 天下は大王が治めるのだ

豪族を制圧し、大王の時代をつくる

『古事記』や『日本書紀』によると、ワカタケル大王は、兄弟を殺して大王になった、とても気性の激しい人物だったそうです。

ワカタケル大王以前の大王とは、あくまでも豪族たちをまとめるリーダー役で、絶対的な力は持っていませんでした。そんな中、ワカタケル大王は、中央や地方の有力豪族を制圧して力を強め、絶対的な権力を握ってクニを治めたようです。稲荷山古墳から出土した鉄剣（→168ページ）には、

「天下を治めるワカタケル大王」という、大王の権力の強さを表すような意味の文字が刻まれています。

中国の古い史料『宋書』などに記された、倭の五王（→87ページ）の中の「武」は、時代が一致するなどの理由から、雄略天皇だと考えられています。

雄略天皇（5世紀後半）
古墳時代の大王（天皇）。第21代天皇とされている。本名は大泊瀬幼武（オオハツセワカタケル）で、「雄略」は死後つけられた。父・允恭天皇と母・忍坂大中姫命の息子で、仁徳天皇の孫。

172

教えて!! 河合先生　古墳時代おまけ話

▶ミソサザイ
仁徳天皇の本名はオオサザキといい、サザキはミソサザイという鳥のこと。ミソサザイは、日本で最小の鳥の1つ。小さな体だが、大きな声でさえずる
写真：ピクスタ

民の幸せが国の幸せだ

民のために尽くした聖帝
仁徳天皇

仁徳天皇は、313年に即位したと伝わります。貧困に苦しむ民のために税金を免除したり、大規模な土木工事を行って人々の生活を改善したりしたエピソード（→70ページ）が示す通り、民を思う優れた政治家だったようです。そんな仁徳天皇は、人々から「聖帝」とたたえられています。

『宋書』などに記された、倭の五王の中の「讃（賛）」が、仁徳天皇の本名の「オオサザキ」に音が似ていることから、「讃（賛）」は仁徳天皇ではないかという考えがあります。

仁徳天皇（5世紀前半）
古墳時代の大王。第16代天皇とされている。本名は大雀・大鷦鷯（オオサザキ）で、「仁徳」は死後つけられた。父・応神天皇と母・仲姫命の息子で、雄略天皇の祖父。

どちらも倭の五王のひとりと考えられておるのじゃ

173

古墳時代 ウンチクこぼれ話 ④

古墳時代の豆知識を紹介するぞ

【オオサザキ大王と鳥の名前】

オオサザキが生まれた時、彼が生まれた建物にミミズクが来たそうです。この時、オオサザキの父・応神天皇は、けらいの武内宿禰から「鳥が来るのはめでたい印」だと教えられます。また宿禰は、「自分の子どもが生まれた時は、ミソサザイが来た」とも伝えました。その話を聞いた応神天皇は、鳥の名前を交換して、互いの子どもに名づけようと持ちかけたそうです。そして、ミソサザイ（サザキ）をとって、オオサザキと名づけたそうです。

【ハヤブサワケとその妻メトリノヒメミコ】

『日本書紀』によると、オオサザキ大王の弟・ハヤブサワケの妻のメトリノヒメミコは、大王の妻のヤタノヒメミコの妹です。メトリノヒメミコを気に入ったオオサザキ大王は、彼女も妻のひとりにしようと考え、ハヤブサワケを使者として彼女のもとに送りました。ところが、ハヤブサワケもメトリノヒメミコを妻にしてしまったそうです。

彼女のことを気に入り、自分の妻にしてしまったのです。この時オオサザキ大王は、ふたりの仲をしぶしぶ認めましたが、本当は恨みに思っていたとされています。

その時の恨みからか、ハヤブサワケが大王の座を狙っていると疑われ、追い詰められてメトリノヒメミコと逃亡した時、オオサザキ大王はふたりに兵を差し向けました（→65ページ）。その後ハヤブサワケとメトリノヒメミコは、兵によって殺されてしまったそうです。

【大仙陵古墳で宴会が行われていた!?】

大仙陵古墳は、明治の末に立ち入りを禁止されるまでは、自由に出入りできたそうです。

戦国時代に、天下統一に成功した豊臣秀吉は、大仙陵古墳の中で狩りを楽しんだという記録が残されています。また江戸時代には、近所の人々の宴会の場所として親しまれていたそうです。古墳

オオサザキの弟・ハヤブサワケ
きさまらなにやつ!?

174

教えて!! 河合先生　古墳時代おまけ話

の上で、お酒を飲んで宴会を開くこともあったようで、堺の奉行所から「大酒を飲んでケンカをしないように」というお達しが出たこともあったと伝わります。明治時代になると、天皇のお墓に登るのは恐れ多いこととされ、古墳の中に入ることは禁止されてしまいました。

【古墳の名前はどうやってつけてるの？】

何百年も前につくられた古墳が誰の墓なのか、はっきりとはわからないものもたくさんあります。そのため、古墳がある土地の名前をつけたり、古墳の形を名称にしたりしています。

例えば、大仙陵古墳は、大阪府の大仙町にあるためこう呼ばれています。また、カメの形に似ていることから亀塚と呼ばれて

古墳の上でお弁当を食べたいな〜!

いる古墳や、古墳のある土地の所有者の名前をとって、源右衛門山古墳と呼ばれているものもあります。

どの古墳がどの天皇の墓かについては、幕末から明治時代の初め頃にかけて、学者たちによって決められました。そのため、間違いも少なくありません。

【大仙陵古墳が海の近くにあるのはナゼ？】

大仙陵古墳は、大阪湾に近い所にあります。古墳時代は、ビルや大きな建物がなかったので、高さ約33〜35mの巨大な古墳は、大阪湾を行き来する船の上からでも見えたそうです。当時の日本は、中国や朝鮮などと積極的な交流を持っていました（→87ページ）。海外の人々は、船で海を渡って大阪湾に入り、この巨大な墓を見てとても

古墳ってどれも面白い形だよね

驚いたことでしょう。巨大古墳を海の近くにつくったのは、海外の人々に日本の技術力の高さや、権力者の力を見せつける目的があったのかもしれません。

大仙陵古墳は海外の人々を驚かせたのよ

できた当初の古墳は、表面にびっしりしきつめられた石に太陽の光が反射して、光り輝いて見えたはずです。国内の人々はもちろん、きっと海外の人々も、その姿に圧倒されたことでしょうね。

古墳時代の話はこれでおしまい！別の時代で、また会おうね！

弥生時代～飛鳥時代初め 年表

弥生時代		古墳時代						
239年	266年	3世紀後半		391年	5世紀初め頃	421年	438年	443年
倭（日本）の女王・卑弥呼が、魏（中国）に使いを送る	倭の女王が西晋（中国）に使いを送る	この頃、前方後円墳が現れる	この頃、大和朝廷（大和政権）が生まれる	倭の軍が朝鮮半島の百済、新羅と戦う	倭の軍が朝鮮半島の高句麗と戦う	倭王・讃（賛）が宋（中国）に使いを送る	倭王・珍（彌）が宋に使いを送る	倭王・済が宋に使いを送る

古墳時代／飛鳥時代	
600年	倭が隋（中国）に使いを送るが、国交は結べず（第1回遣隋使）
593年	推古天皇が厩戸皇子（聖徳太子）を摂政にする
592年	推古天皇が天皇の位につく
6世紀末	この頃から、前方後円墳がつくられなくなる
587年	蘇我馬子が物部守屋とその一族を滅ぼす
554年	倭と百済の軍が新羅と戦う
538年	百済から仏教が伝わる（552年説もあり）
478年	倭王・武が宋に使いを送る
5世紀半ば	この頃、大仙陵古墳ができる

監修	河合敦
編集デスク	大宮耕一、橋田真琴
編集スタッフ	泉ひろえ、河西久実、庄野勢津子、十枝慶二、中原崇
シナリオ	泉ひろえ
コラムイラスト	相馬哲也、中藤美里、市川智茂、横山みゆき、谷口正孝、福永胡桃、イセケヌ
コラム図版	平凡社地図出版
参考文献	『早わかり日本史』河合敦著 日本実業出版社／『詳説 日本史研究 改訂版』佐藤信・五味文彦・高埜利彦・鳥海靖編 山川出版社／『山川 詳説日本史図録』詳説日本史図録編集委員会編 山川出版社／『新版 これならわかる！ナビゲーター 日本史B ①原始・古代〜南北朝』山川出版社／『日本人はどのように建造物をつくってきたか6 巨大古墳 前方後円墳の謎を解く』森浩一著 穂積和夫イラストレーション 草思社／『日本の遺跡と遺産② 古墳』武井正弘著 岩崎書店／『百舌鳥・古市古墳群 堺市世界遺産学習ノート』堺市教育委員会 学校教育部 学校指導課編／『百舌鳥古墳群ガイドブック＝古墳のなぜ？なに？＝』堺市博物館編・発行／『よみがえる5世紀の世界 かみつけの里博物館常設展示解説書』かみつけの里博物館企画・編集／『はくぶつかん探検隊』かみつけの里博物館企画・編集／「週刊マンガ日本史 改訂版」1号 朝日新聞出版／「新週刊マンガ日本史」1、2号 朝日新聞出版／「週刊なぞとき」30号 朝日新聞出版

※本シリーズのマンガは、史実をもとに脚色を加えて構成しています。

古墳時代へタイムワープ

2018年 3月30日　第1刷発行
2022年10月30日　第8刷発行

著　者	マンガ：工藤ケン／ストーリー：チーム・ガリレオ
発行者	片桐圭子
発行所	朝日新聞出版
	〒104-8011
	東京都中央区築地5-3-2
編集	生活・文化編集部
電話	03-5540-7015（編集）
	03-5540-7793（販売）
印刷所	株式会社リーブルテック

ISBN978-4-02-331662-1
本書は2017年刊『古墳時代のサバイバル』を増補改訂し、改題したものです

落丁・乱丁の場合は弊社業務部(03-5540-7800)へ
ご連絡ください。送料弊社負担にてお取り替えいたします。

©2018 Ken Kudou, Asahi Shimbun Publications Inc.
Published in Japan by Asahi Shimbun Publications Inc.

本の感想や知ったことを書いておこう。